8
LN27
41561

Dr Y. DELOTTE

LE

CINQUANTENAIRE DE DOCTORAT

DE M. LE Dr MAZARD

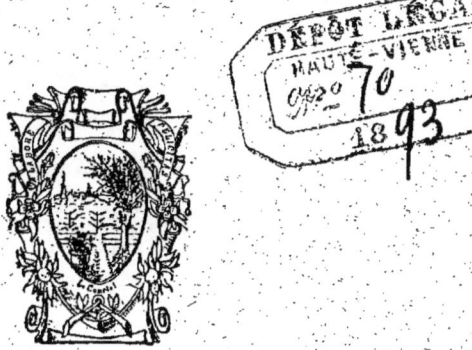

LIMOGES
IMPRIMERIE-LIBRAIRIE LIMOUSINE
Vᵉ H. DUCOURTIEUX
7, RUE DES ARÈNES, 7

1893

Dr Y. DELOTTE

LE CINQUANTENAIRE DE DOCTORAT

DE M. LE DR MAZARD

LIMOGES
IMPRIMERIE-LIBRAIRIE LIMOUSINE
Vᵉ H. DUCOURTIEUX
7, RUE DES ARÈNES, 7

1893

LE
CINQUANTENAIRE DE DOCTORAT
de M. le Dr MAZARD

Les médecins de Limoges ayant eu l'attention bien justifiée d'offrir à leur vénéré doyen, M. le docteur Mazard, professeur honoraire, un banquet pour fêter son cinquantenaire de doctorat, celui-ci a tenu à leur rendre leur invitation.

Aussi, le 2 juin 1892, à l'*Hôtel Richelieu*, a eu lieu un déjeuner intime où tous les âges étaient représentés et, fait curieux, où tous les convives, anciens ou jeunes, étaient des élèves du maître qu'ils étaient venu honorer.

Citons quelques noms parmi les anciens :

M. Raymondaud, directeur de l'Ecole de médecine ; M. Thouvenet père, M. Gaillard, de Bourganeuf ; M. Lemas, de Saint-Victurnien ; M. Pontis, de Saint-Sulpice-Laurière ; M. Peyrusson, de Veyrac, etc.

Le docteur Mazard avait été vivement touché des témoignages de cordialité dont on lui avait adressé les termes dans la précédente réunion. C'est dans un langage vibrant d'émotion qu'il a remercié ses confrères ; leur manifestation restait pour lui un sûr garant qu'il avait accompli ses devoirs professionels avec quelque dignité, et son orgueil était grand, car ce sentiment lui avait toujours été le plus cher.

Il remercie particulièrement les organisateurs de cette réunion, MM. L. Bleynie et Delotte.

M. L. Bleynie lui offre, au nom de ses collègues, une médaille commémorative.

Ajoutons que c'est la première fois que les médecins de notre ville célèbrent le cinquantenaire d'un des leurs, et dans la circonstance cette pensée leur a été bien légitimement inspirée.

Leur doyen actuel a su mériter dans le cours de sa carrière, qui est loin heureusement d'être terminée, l'estime de ses concitoyens. Connu de tous à Limoges, actif, dévoué, il impose le respect par de longs services rendus, surtout comme professeur à l'Ecole de médecine et médecin à l'Hôpital.

Nous devons lui être particulièrement reconnaissants d'avoir consacré chaque jour de longues heures, dans son service hospitalier, à soulager les malades pauvres et à instruire les jeunes générations d'étudiants.

Dans la clientèle de ville, tous savent quelle place distinguée il a occupée et conserve encore aujourd'hui, et combien ses conseils restent appréciés dans les familles et de ses confrères.

Ces deux manifestations successives du monde médical de notre département et des départements voisins resteront pour lui et pour sa famille un gage d'honneur.

Y. D.

Voici le texte du discours prononcé par M. le docteur Delotte au premier banquet :

Cher maître,

Vos élèves, mieux vaut dire vos amis, ont tenu à cœur de se réunir dans une fête, pour célébrer votre cinquantenaire professionel. Ils ont voulu témoigner de leurs vives sympathies pour votre personne et rendre hommage, une fois de plus, à un nom fait pour honorer l'enseignement et la pratique de la médecine.

Les difficultés que nous rencontrons dans le cours de nos études médicales, et plus tard, dans l'exercice de notre profession, nous ramènent plus d'une fois vers le passé et nous font apprécier ceux qui nous ont donné les premiers conseils, les premiers exemples ; votre incontestable mérite vous place dans le meilleur rang.

L'esprit humain est ainsi fait que les connaissances acquises les premières s'inculquent plus obstinément dans la mémoire, et les révélations heureuses le deviennent davantage par le cours du temps. Aussi les témoignages d'aimable confraternité et de cordialité ne sont pas les seuls que nous aimons à vous prodiguer dans cette fête, nous vous offrons surtout ceux de reconnaissance, pour le dévouement dont vous avez entouré nos premiers pas dans la voie de la médecine, pour l'habile emploi que vous avez su faire de nos premières années d'étudiant. Nous vous devons la première culture technique, ce fonds de principes et de notions esssentiels au praticien et qui font sa force; cadre complet susceptible d'être indéfiniment élargi. A vous l'enseignement le meilleur et le plus sûr.

Parmi vos élèves un bon nombre se sont fait une place au premier rang dans le monde scientifique, tous aiment à se souvenir qu'ils ont puisé les éléments fondamentaux à vos leçons.

Vous avez fait beaucoup pour la réputation de l'Ecole de médecine de Limoges. Comme maître, votre méthode a été féconde ; vous avez demandé à vos élèves l'observation attentive, la recherche de la réalité, vous leur avez toujours montré combien la moindre partie de la carrière médicale impose de longues réflexions et études, que les idées nouvelles ont besoin, comme les événements, d'être vérifiées à distance et qu'il faut se garder des jugements immédiats, en un mot, qu'il faut chercher la vérité scientifique,

Les progrès incessants de notre science apportent des explications plus approfondies des faits, ajoutent des découvertes, changent, pour les rendre plus précises, les dénominations usitées, mais l'esprit méthodique et curieux s'y retrouve toujours : c'est bien là votre attribut particulier, votre supériorité, aussi vous n'avez pas subi la loi du temps. Votre maturité intellectuelle vous permet, sans aucun doute, de mieux interpréter l'enseignement du jour et de le comparer avec fruit à celui que vous avez professé vous-même.

Comme praticien, votre ambition a été celle des efforts dévoués, dans les services rendus aux malades, efforts consciencieux, prodigués sans mesurer la peine, ayant toujours pour guide le sentiment élevé de la dignité professionnelle.

Le goût d'exercer la médecine, disiez-vous dans une conversation récente, datait chez vous de l'enfance, et, chemin faisant, vous ne vous êtes découvert aucune aptitude pour toute autre branche professionelle. Quel honneur vous avez fait à ces heureuses dispositions !

Il est vrai que vous aviez pour vous la tradition et l'exemple donné de près, celui de votre père, le docteur Pierre Mazard. Qu'il me soit permis de rappeler ici son souvenir, cher à notre Ecole de médecine dont il fut le fondateur, et de rendre hommage, non seulement au médecin, mais encore à l'administrateur, à l'ancien maire de notre ville qui sut ajouter à son renom professionnel quelque grandeur dans la vie publique.

Cher maître,

Je suis profondément touché d'avoir été appelé à prendre la parole dans cette réunion de vos élèves, je le dois au hazard qui m'a permis d'apprendre, avant d'autres, l'anniversaire pour la cinquantième fois de votre thèse inaugurale et de prendre part à l'organisation de cette fête.

Cet honneur est pour moi immérité, mais il me fait éprouver une bien douce satisfaction, celle de vous exprimer de vive voix des sentiments que je ressens au fond du cœur, et de vous adresser des vœux pour la continuation de votre santé, qui nous est chère à tous, et pour votre bonheur.

www.ingramcontent.com/pod-product-compliance
Lightning Source LLC
Chambersburg PA
CBHW070501080426
42451CB00025B/2975